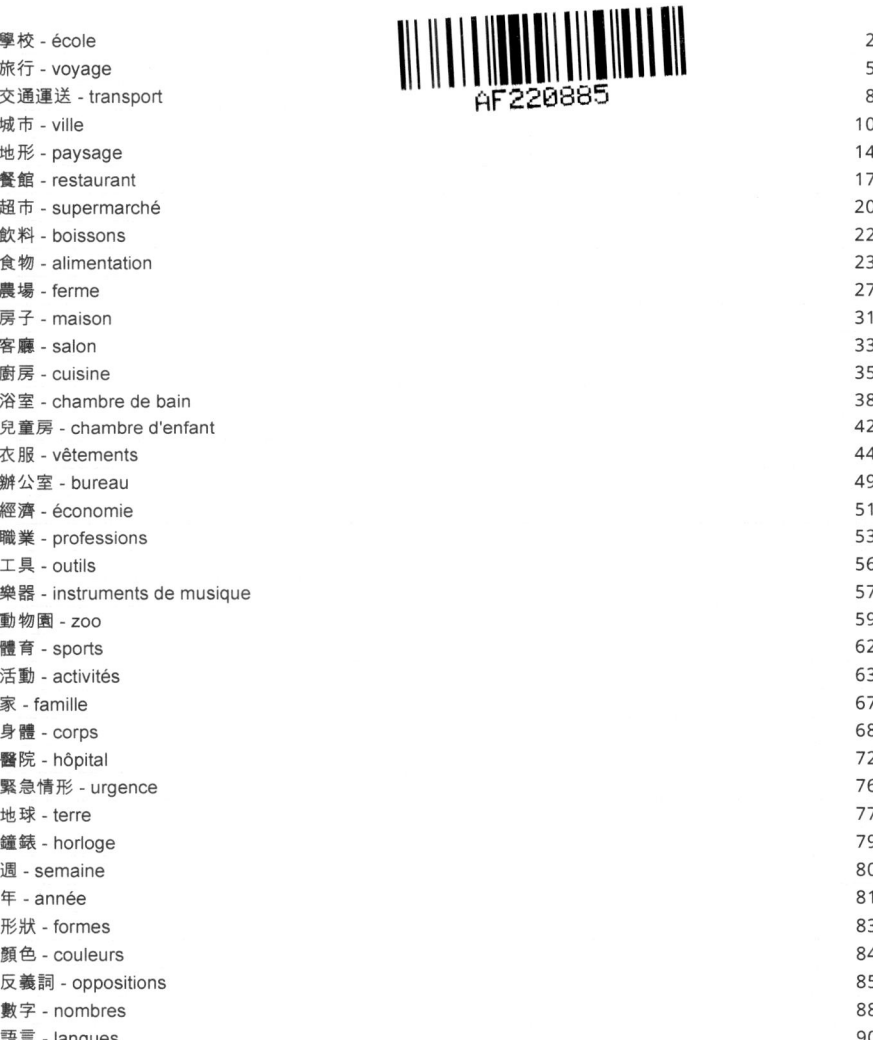

AF220885

Impressum
Verlag: BABADADA GmbH, Nedderfeld 112 , 22529 Hamburg
Geschäftsführer / Verlagsleitung: Harald Hof
Druck: Books on Demand GmbH, In de Tarpen 42, 22848 Norderstedt

Imprint
Publisher: BABADADA GmbH, Nedderfeld 112 , 22529 Hamburg, Germany
Managing Director / Publishing direction: Harald Hof
Print: Books on Demand GmbH, In de Tarpen 42, 22848 Norderstedt

學校

école

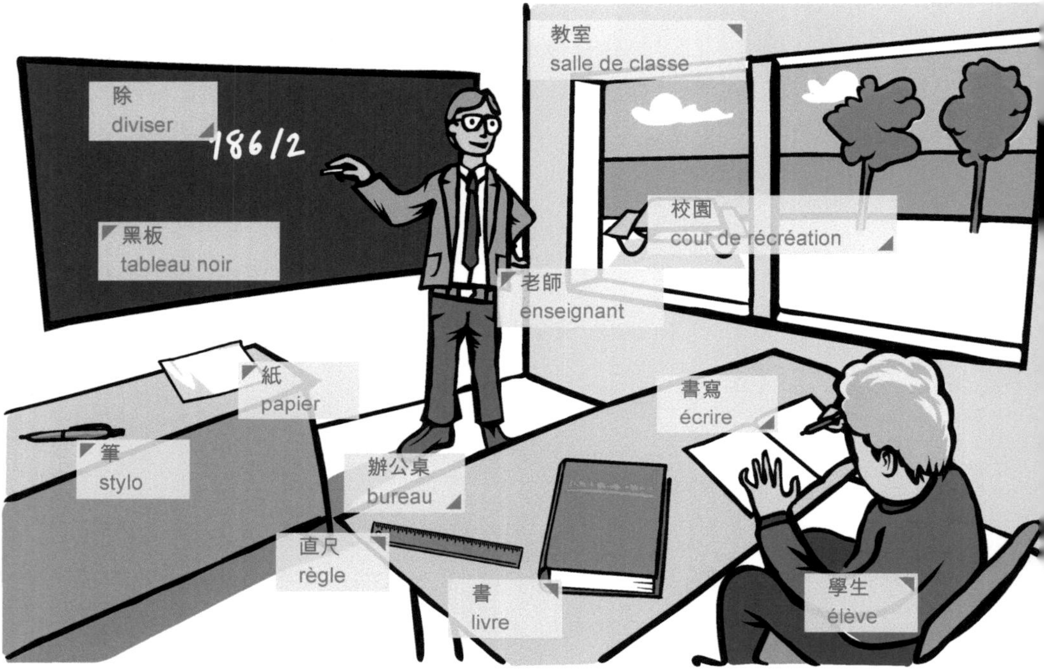

教室
salle de classe
除
diviser
186/2
黑板
tableau noir
校園
cour de récréation
老師
enseignant
紙
papier
書寫
écrire
筆
stylo
辦公桌
bureau
直尺
règle
書
livre
學生
élève

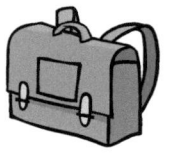

書包

sac d'école

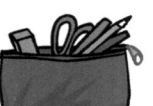

鉛筆盒

trousse

鉛筆

crayon

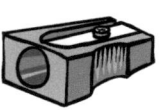

削鉛筆機

taille-crayon

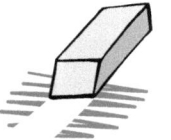

橡皮擦

gomme

畫板

carnet à dessin

圖畫
dessin

畫筆
pinceau

顏料盒
boîte de peinture

剪刀
ciseaux

膠水
colle

練習冊
cahier d'exercices

家庭作業
tâches

12

數字
chiffre

2+2

加
additionner

5-2

減
soustraire

2×2

乘
multiplier

計算
calculer

A

字母
lettre

ABCDEFG
HIJKLMN
OPQRSTU
VWXYZ

字母表
alphabet

hello

字
mot

課文

texte

讀

lire

粉筆

craie

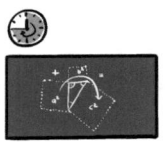

上課

leçon

登記

livre de classe

考試

examen

證書

certificat

校服

uniforme scolaire

教育

formation

百科全書

lexique

大學

université

顯微鏡

microscope

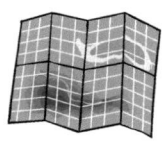

地圖

carte

廢紙簍

corbeille à papier

旅行
voyage

飯店
hôtel
Grand
青年旅社
auberge
ROOMS
EXCHANGE
外幣兌換處
bureau de change
手提箱
valise
汽車
voiture

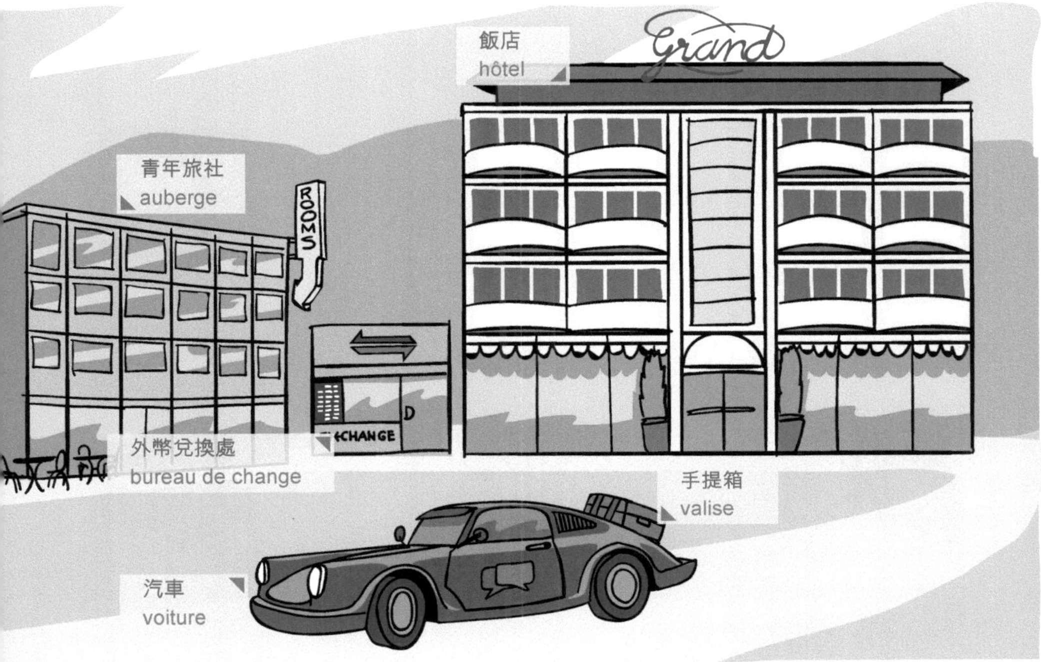

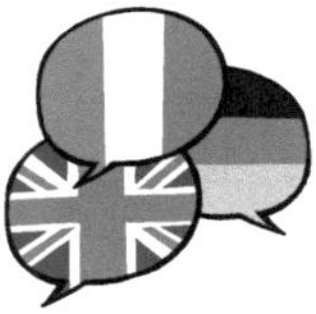

語言

langue

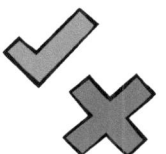

是/否

oui / non

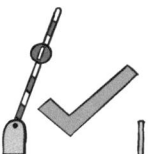

好的

d'accord

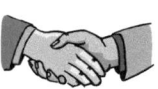

您好

Salut

翻譯人員

interprète

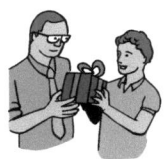

謝謝

merci

......多少錢？

Combien coûte...?

我不明白

Je ne comprends pas

問題

problème

晚上好！

Bonsoir!

早上好！

Bonjour!

晚安！

Bonne nuit!

再見

Au revoir

方向

direction

行李

bagages

包

sac

背包

sac-à-dos

客人

hôte

房間

pièce

睡袋

sac de couchage

帳篷

tente

旅行資訊

office de tourisme

海灘

plage

信用卡

carte de crédit

早餐

petit-déjeuner

午餐

déjeuner

晚餐

dîner

票

billet

電梯

ascenseur

郵票

timbre

邊界

frontière

海關

douane

大使館

ambassade

簽證

visa

護照

passeport

交通運送

transport

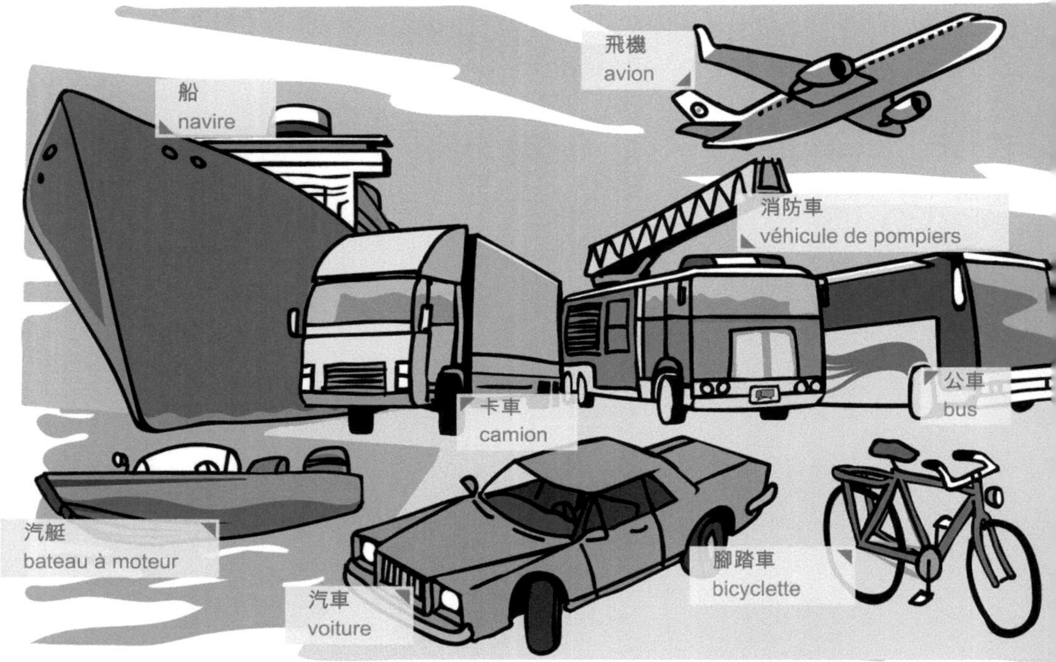
飛機
avion
船
navire
消防車
véhicule de pompiers
公車
bus
卡車
camion
汽艇
bateau à moteur
腳踏車
bicyclette
汽車
voiture

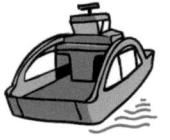

渡輪

ferry

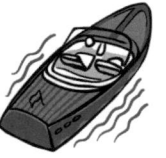

小船

barque

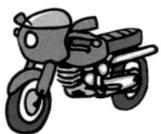

機車

moto

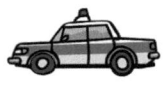

警車

voiture de police

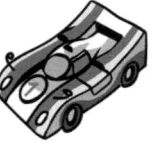

賽車

voiture de course

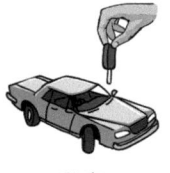

租車

voiture de location

拼車
autopartage

拖車
dépanneuse

垃圾車
benne à ordures

馬達
moteur

汽油
essence

加油站
station d'essence

交通標識
panneau indicateur

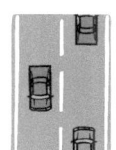

交通
trafic

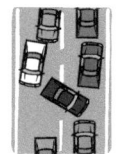

交通堵塞
embouteillage

停車場
parking

火車站
gare

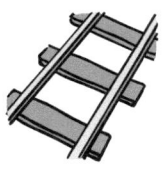

軌道
rails

火車
train

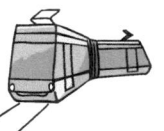

路面電車
tram

客車廂
wagon

直升機

hélicoptère

機場

aéroport

塔

tour

乘客

passager

集裝箱

container

紙板箱

carton

手推車

chariot

籃子

corbeille

起飛/降落

décoller / atterrir

城市

ville

村莊

village

市中心

centre-ville

房子

maison

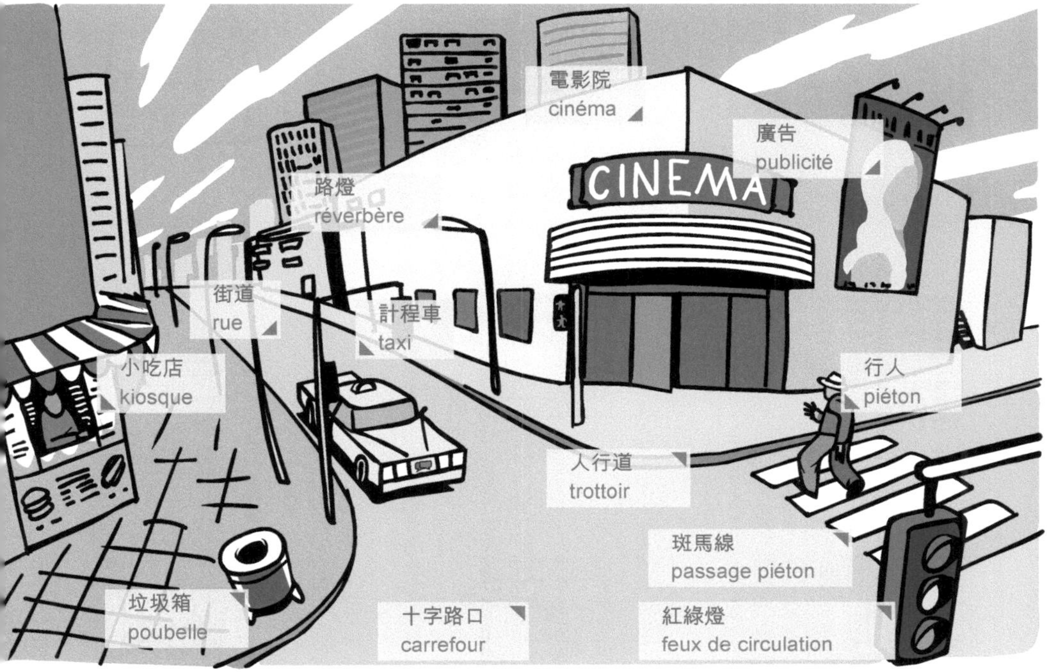

CINEMA
電影院
cinéma
廣告
publicité
路燈
réverbère
街道
rue
計程車
taxi
小吃店
kiosque
行人
piéton
人行道
trottoir
斑馬線
passage piéton
垃圾箱
poubelle
十字路口
carrefour
紅綠燈
feux de circulation

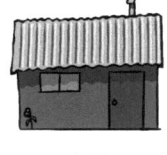

小屋

cabane

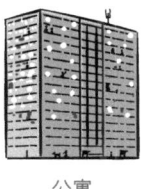

公寓

appartement

火車站

gare

市政廳

mairie

MUSEUM

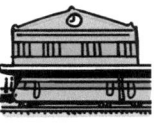

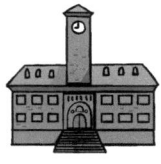

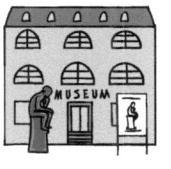

博物館

musée

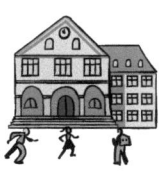

學校

école

大學

université

銀行

banque

醫院

hôpital

飯店

hôtel

藥房

pharmacie

辦公室

bureau

書店

librairie

商店

magasin

花店

fleuriste

超市

supermarché

市場

marché

百貨商店

grand magasin

魚店

poissonnerie

購物中心

centre commercial

海港

port

公園
parc

長凳
banque

橋
pont

樓梯
escaliers

捷運
métro

隧道
tunnel

公車站
arrêt de bus

酒吧
bar

餐館
restaurant

郵筒
boîte à lettres

路標
panneau indicateur

停車計時器
parcomètre

動物園
zoo

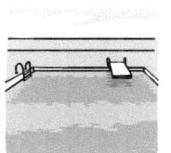

游泳池
réverbère

清真寺
mosquée

城市 - ville

13

農場

ferme

污染

pollution

墓地

cimetière

教堂

église

操場

aire de jeux

寺廟

temple

地形

paysage

樹葉
feuille

指示牌
panneau indicateur

路
chemin

草地
pré

石頭
pierre

樹
arbre

徒步旅行者
randonneur

河
rivière

草
herbe

花
fleur

峽谷

vallée

丘陵

montagne

湖

lac

森林

forêt

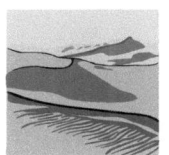

沙漠

désert

火山

volcan

城堡

château

彩虹

arc-en-ciel

蘑菇

champignon

棕櫚樹

palmier

蚊子

moustique

蒼蠅

mouche

螞蟻

fourmis

蜜蜂

abeille

蜘蛛

araignée

地形 - paysage

甲蟲

scarabée

青蛙

grenouille

松鼠

écureuil

刺蝟

hérisson

野兔

lapin

貓頭鷹

chouette

鳥

oiseau

天鵝

cygne

野豬

sanglier

鹿

cerf

麋鹿

élan

水壩

barrage

風力發電機

éolienne

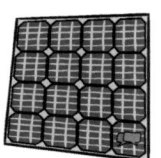

太陽能電池板

panneau solaire

氣候

climat

餐館
restaurant

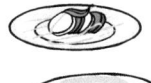

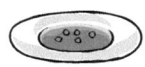

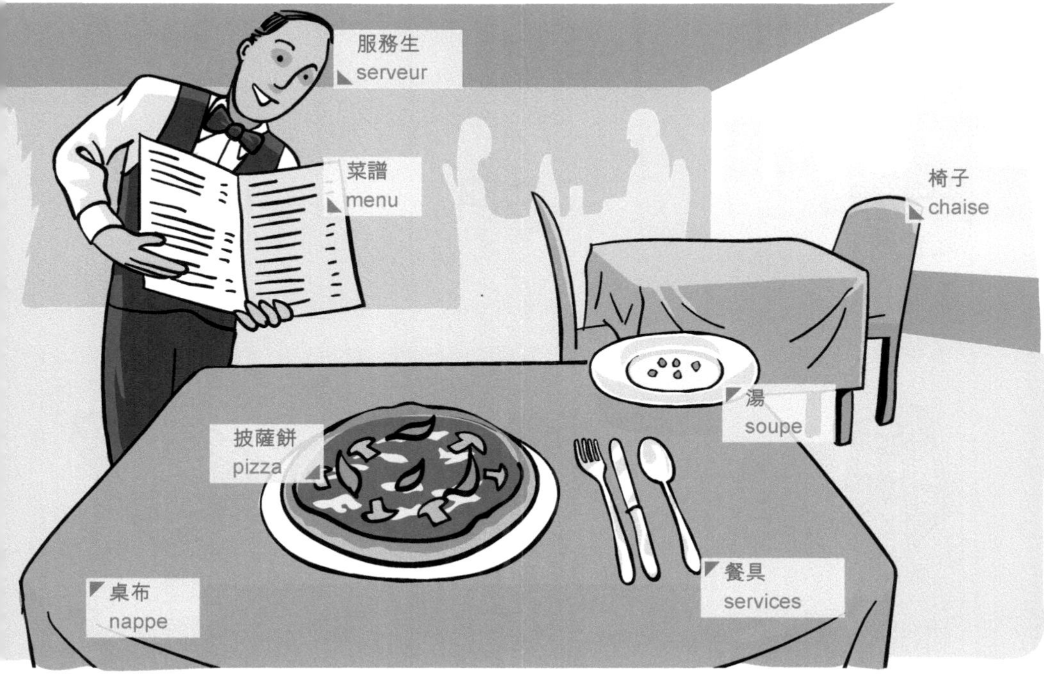

服務生
serveur
菜譜
menu
椅子
chaise
湯
soupe
披薩餅
pizza
餐具
services
桌布
nappe

前菜

hors d'œuvre

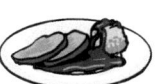

主菜

plat principal

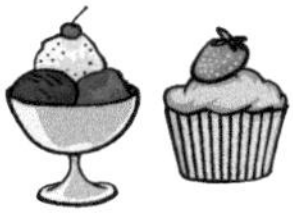

甜點

dessert

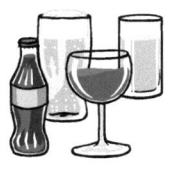

飲料

boissons

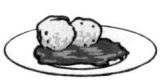

食物

alimentation

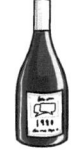

瓶子

bouteille

速食

fast-food

街邊小吃

plats à emporter

茶壺

théière

糖盒

sucrier

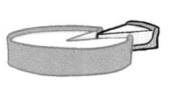

一份飯菜

portion

義式咖啡機

machine à expresso

高腳椅

chaise haute

帳單

facture

托盤

plateau

刀

couteau

餐叉

fourchette

勺子

cuillère

茶匙

cuillère à thé

餐巾

serviette

玻璃杯

verre

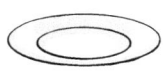

碟子

assiette

湯盤

assiette à soupe

碟子

soucoupe

醬

sauce

鹽瓶

salière

胡椒研磨罐

moulin à poivre

醋

vinaigre

食用油

huile

調味料

épices

番茄醬

ketchup

芥末

moutarde

美乃滋

mayonnaise

超市

supermarché

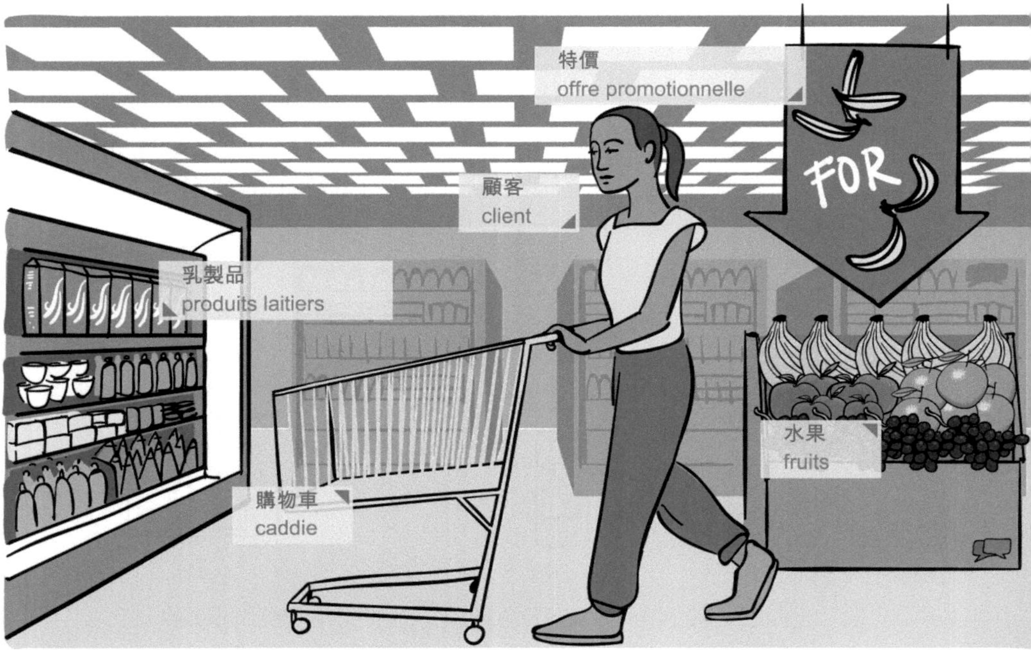

特價
offre promotionnelle
FOR
顧客
client
乳製品
produits laitiers
水果
fruits
購物車
caddie

BUTCHERS

肉鋪
boucherie

BAKERY

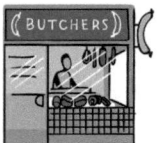

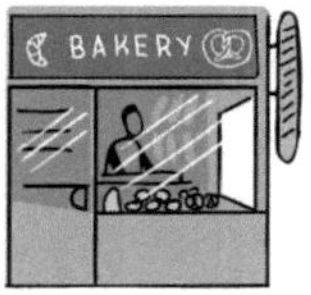

麵包店
boulangerie

稱重
peser

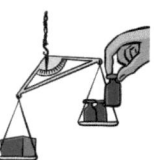

蔬菜
légumes

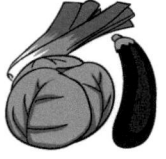

肉
viande

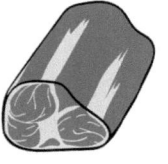

冷凍食品
aliments surgelés

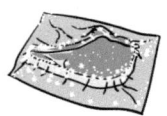

冷盤

charcuterie

罐頭食品

conserves

洗衣粉

poudre à lessive

甜食

bonbons

日用品

articménagers

清潔用品

détergents

銷售員

vendeuse

收銀機

caisse

收銀員

caissier

購物清單

liste d'achats

開放時間

heures d'ouverture

錢包

portefeuille

信用卡

carte de crédit

袋子

sac

塑膠袋

sac en plastique

超市 - supermarché

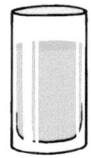

水

eau

果汁

jus de fruit

牛奶

lait

可樂

coca

紅酒

vin

啤酒

bière

酒

alcool

可可

chocolat chaud

茶

thé

咖啡

café

義式濃縮咖啡

expresso

卡布奇諾

cappuccino

香蕉

banane

蘋果

pomme

柳丁

orange

西瓜

melon

檸檬

citron

胡蘿蔔

carotte

大蒜

ail

竹子

bambou

洋蔥

oignon

蘑菇

champignon

堅果

noisettes

麵條

pâtes

義大利麵

spaghettis

米飯

riz

沙拉

salade

薯條

frites

炸馬鈴薯

pommes de terre rôties

披薩餅

pizza

漢堡

hamburger

三明治

sandwich

炸豬排

escalope

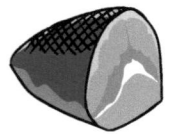

火腿

jambon

義大利臘腸

salami

香腸

saucisse

雞肉

poulet

烤肉

rôti

魚

poisson

燕麥片

flocons d'avoine

木斯里

muesli

玉米片

cornflakes

麵粉

farine

牛角麵包

croissant

麵包捲

petits-pains

麵包

pain

吐司

pain grillé

餅乾

biscuits

奶油

beurre

凝乳

fromage blanc

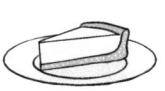

蛋糕

gâteau

蛋

œuf

煎蛋

œuf au plat

起司

fromage

冰淇淋

glace

糖

sucre

蜂蜜

miel

果醬

confiture

巧克力醬

crème nougat

咖哩

curry

農場

ferme

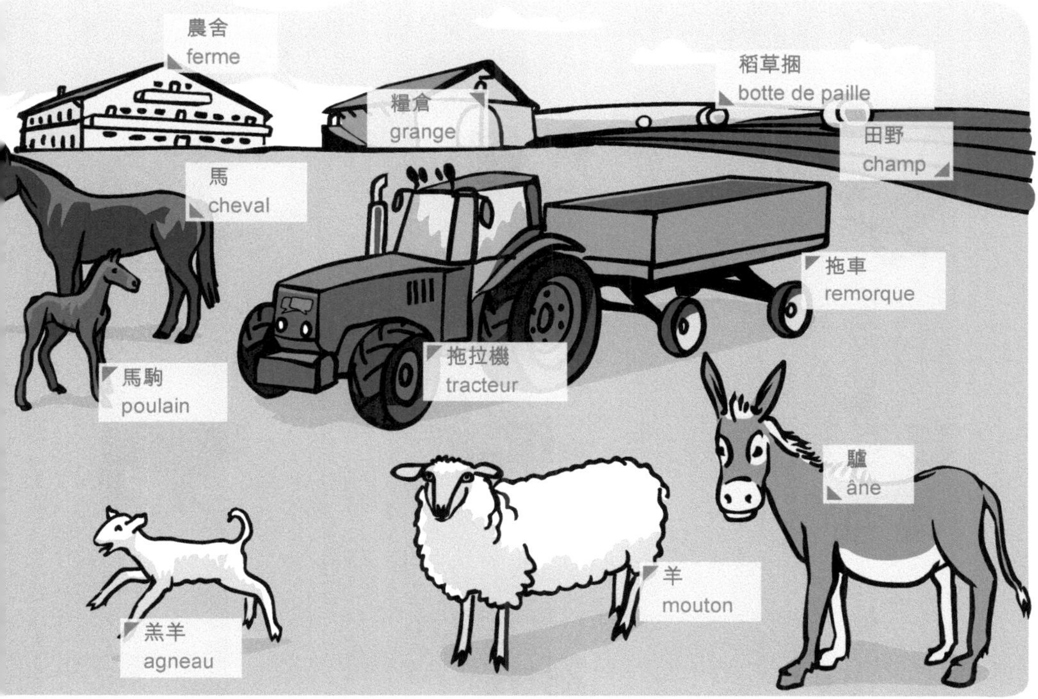
農舍
ferme
糧倉
grange
稻草捆
botte de paille
田野
champ
馬
cheval
拖車
remorque
馬駒
poulain
拖拉機
tracteur
驢
âne
羊
mouton
羔羊
agneau

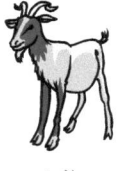

山羊

chèvre

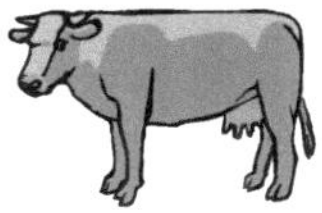

奶牛

vache

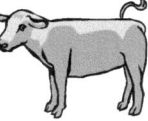

小牛

veau

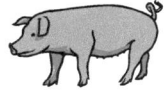

豬

porc

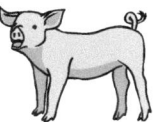

小豬

porcelet

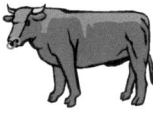

公牛

taureau

鵝
oie

鴨
canard

小雞
poussin

母雞
poule

公雞
coq

鼠
rat

貓
chat

老鼠
souris

牛
bœuf

狗
chien

狗屋
chenil

花園澆水軟管
tuyau de jardin

澆水壺
arrosoir

長柄大鐮刀
faucheuse

犁
charrue

鐮刀

faucille

鋤頭

pioche

長柄草耙

fourche

斧頭

hache

獨輪手推車

brouette

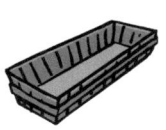

飼料槽

cuve

牛奶罐

pot à lait

麻布袋

sac

柵欄

clôture

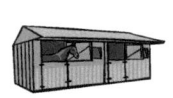

馬廏

étable

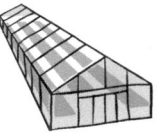

溫室

serre

土壤

sol

種子

semences

肥料

engrais

聯合收割機

moissonneuse-batteuse

收割

récolter

收割

récolte

地瓜

igname

小麥

blé

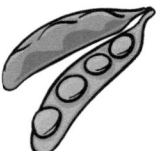

大豆

soja

土豆

pomme de terre

玉米

maïs

油菜籽

colza

果樹

arbre fruitier

樹薯

manioc

穀物

céréales

房子

maison

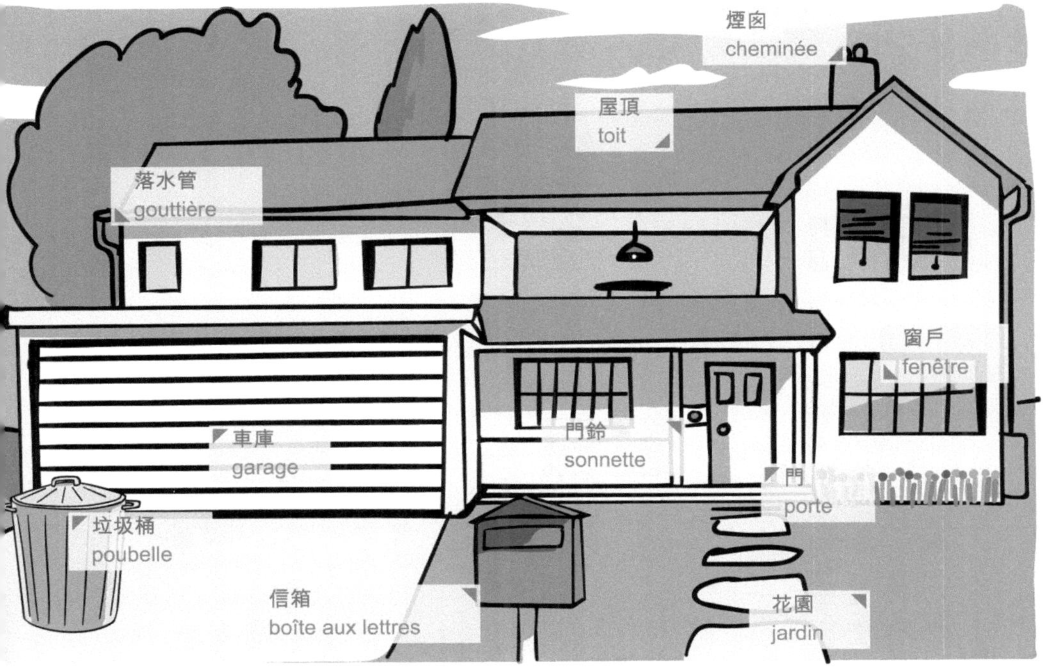

煙囪
cheminée
屋頂
toit
落水管
gouttière
窗戶
fenêtre
車庫
garage
門鈴
sonnette
門
porte
垃圾桶
poubelle
信箱
boîte aux lettres
花園
jardin

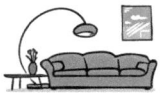

客廳

salon

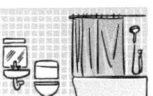

浴室

chambre de bain

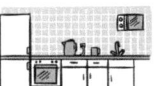

廚房

cuisine

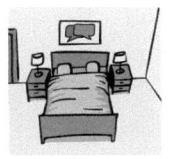

臥室

chambre à coucher

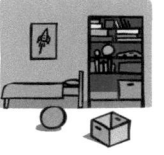

兒童房

chambre d'enfant

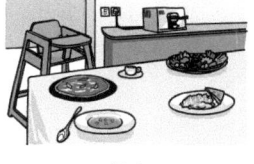

餐廳

salle à manger

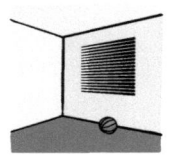

地板

sol

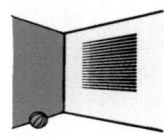

牆壁

mur

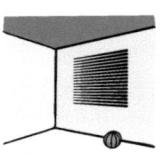

天花板

plafond

地窖

cave

三溫暖

sauna

陽臺

balcon

露臺

terrasse

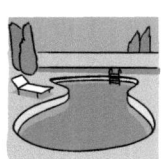

游泳池

piscine

割草機

tondeuse à gazon

被單

fourre de duvet

床罩

couette

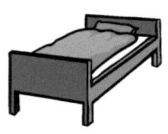

床

lit

掃帚

balai

水桶

sceau

開關

interrupteur

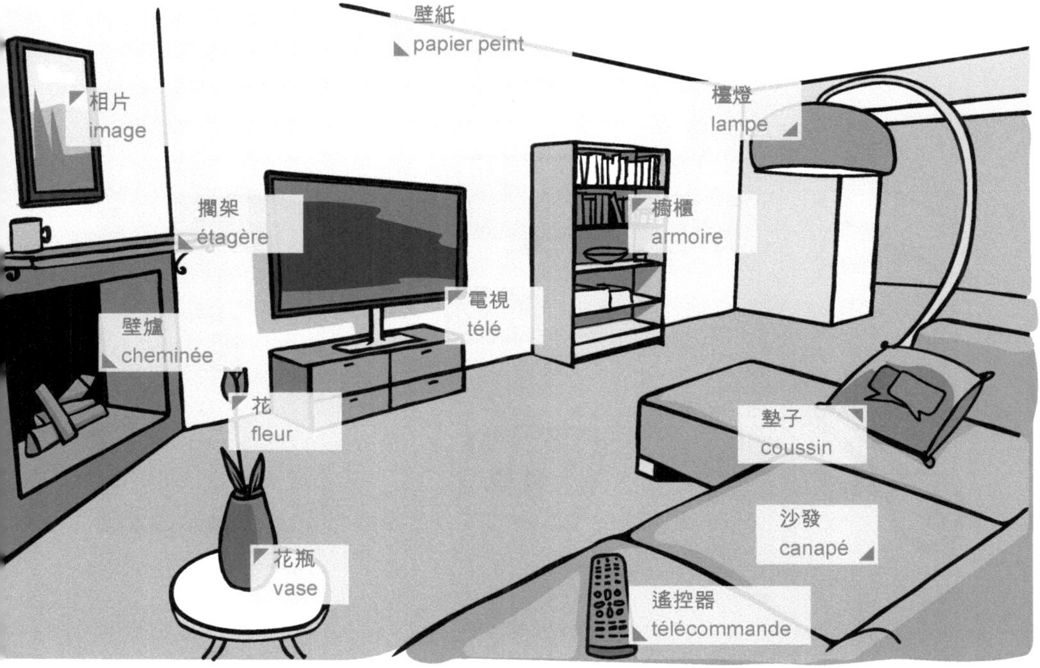

壁紙
papier peint

相片
image

檯燈
lampe

擱架
étagère

櫥櫃
armoire

電視
télé

壁爐
cheminée

花
fleur

墊子
coussin

沙發
canapé

花瓶
vase

遙控器
télécommande

地毯
....
tapis

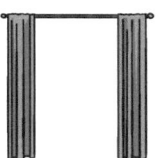

窗簾
....
rideau

餐桌
....
table

椅子
....
chaise

搖椅
....
chaise à bascule

扶手椅
....
fauteuil

書
livre

毯子
couverture

裝飾品
décoration

木柴
bois de chauffage

電影
film

高傳真音響
chaîne hi-fi

鑰匙
clé

報紙
journal

油畫
peinture

海報
poster

收音機
radio

筆記本
bloc-notes

吸塵器
aspirateur

仙人掌
cactus

蠟燭
bougie

廚房

cuisine

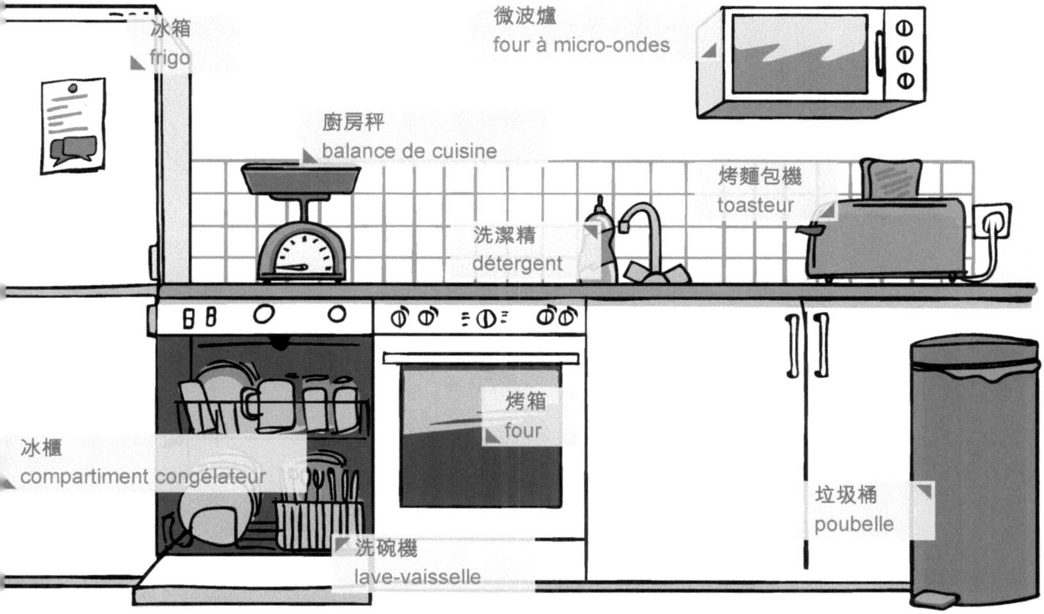

冰箱
frigo
微波爐
four à micro-ondes
廚房秤
balance de cuisine
烤麵包機
toasteur
洗潔精
détergent
烤箱
four
冰櫃
compartiment congélateur
垃圾桶
poubelle
洗碗機
lave-vaisselle

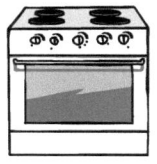

炊具

four

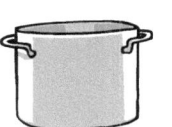

鍋

casserole

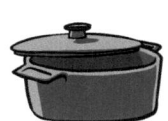

鑄鐵鍋

marmite

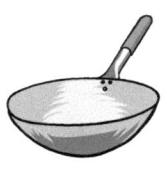

炒鍋

wok/kadai

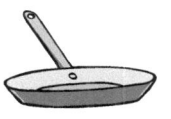

平底鍋

poêle

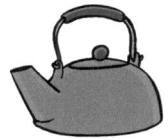

水壺

bouilloire électrique

蒸鍋

cuiseur vapeur

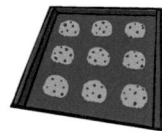

烤盤

plaque de cuisson

陶瓷鍋

vaisselle

馬克杯

gobelet

碗

bol

筷子

baguettes

長柄勺

louche

鏟子

spatule

攪拌器

fouet

濾網

passoire

篩子

tamis

磨碎機

râpe

研缽

mortier

燒烤

barbecue

明火

cheminée

菜板

planche à découper

擀麵杖

rouleau à pâtisserie

開瓶器

tire-bouchon

罐子

boîte

開罐器

ouvre-boîte

隔熱手套

maniques

水槽

lavabo

刷子

brosse

海綿

éponge

攪拌機

mixeur

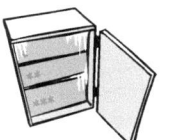

冷藏箱

congélateur

奶瓶

biberon

水龍頭

robinet

浴室

chambre de bain

淋浴
douche
供暖裝置
chauffage
毛巾
serviette
浴簾
rideau de douche
泡沫浴
bain moussant
浴缸
baignoire
玻璃杯
verre
洗衣機
machine à laver
水龍頭
robinet
瓷磚
carrelage
便壺
pot
水槽
lavabo

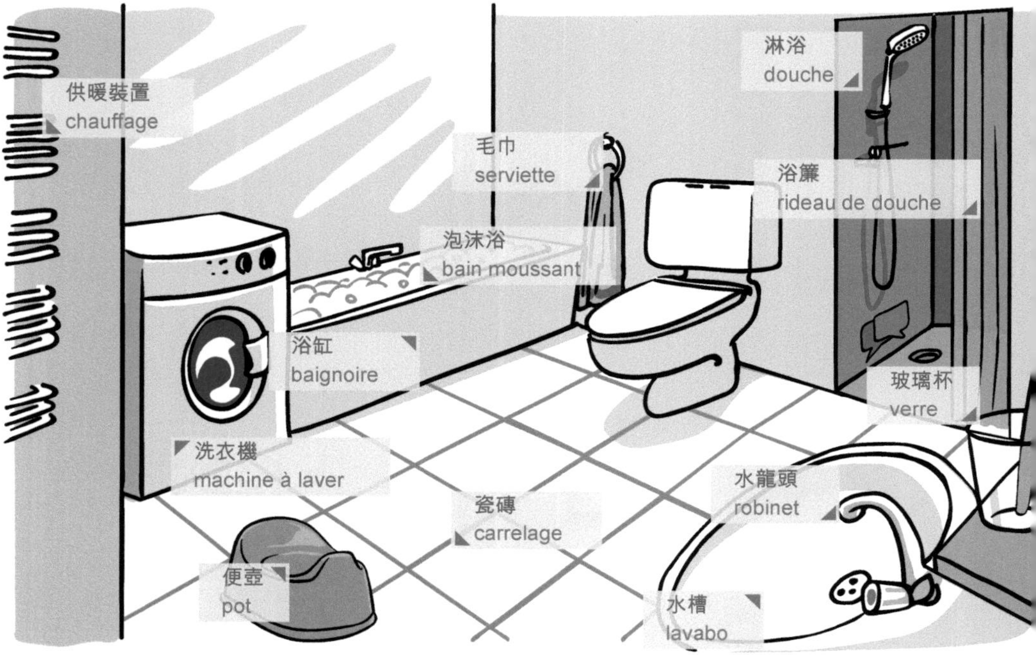

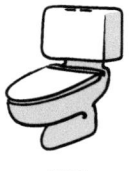

廁所

toilettes

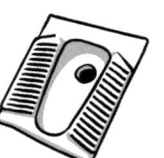

蹲便器

toilette à turque

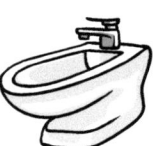

坐浴器

bidet

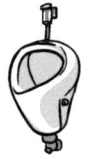

小便斗

urinoir

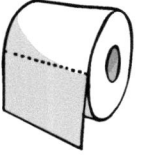

廁紙

papier toilette

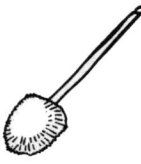

馬桶刷

brosse à toilette

牙刷
brosse à dents

牙膏
dentifrice

牙線
fil dentaire

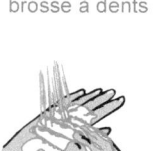

洗
laver

手持式蓮蓬頭
douche manuelle

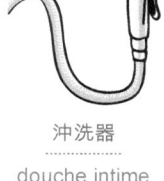

沖洗器
douche intime

洗臉盆
vasque

洗背刷
brosse dorsale

肥皂
savon

沐浴露
gel douche

洗髮乳
shampooing

法蘭絨
gant de toilette

排水
écoulement

乳霜
crème

除臭劑
déodorant

浴室 - chambre de bain

鏡子

miroir

手鏡

miroir cosmétique

刮鬍刀

rasoir

刮鬍泡沫

mousse à raser

鬍後水

après-rasage

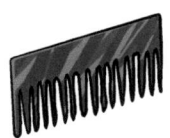

梳子

peigne

刷子

brosse

吹風機

sèche-cheveux

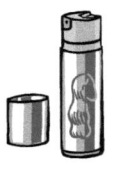

噴髮定型劑

laque pour cheveux

化妝品

fond de teint

唇膏

rouge à lèvres

指甲油

vernis à ongles

化妝棉

ouate

指甲剪

coupe-ongles

香水

parfum

洗漱包

trousse de toilette

凳子

tabouret

計重秤

balance

浴袍

peignoir

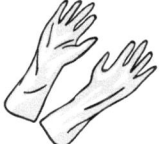

橡膠手套

gants de nettoyage

衛生棉條

tampon

衛生棉

serviettes hygiéniques

化學廁所

toilette chimique

兒童房

chambre d'enfant

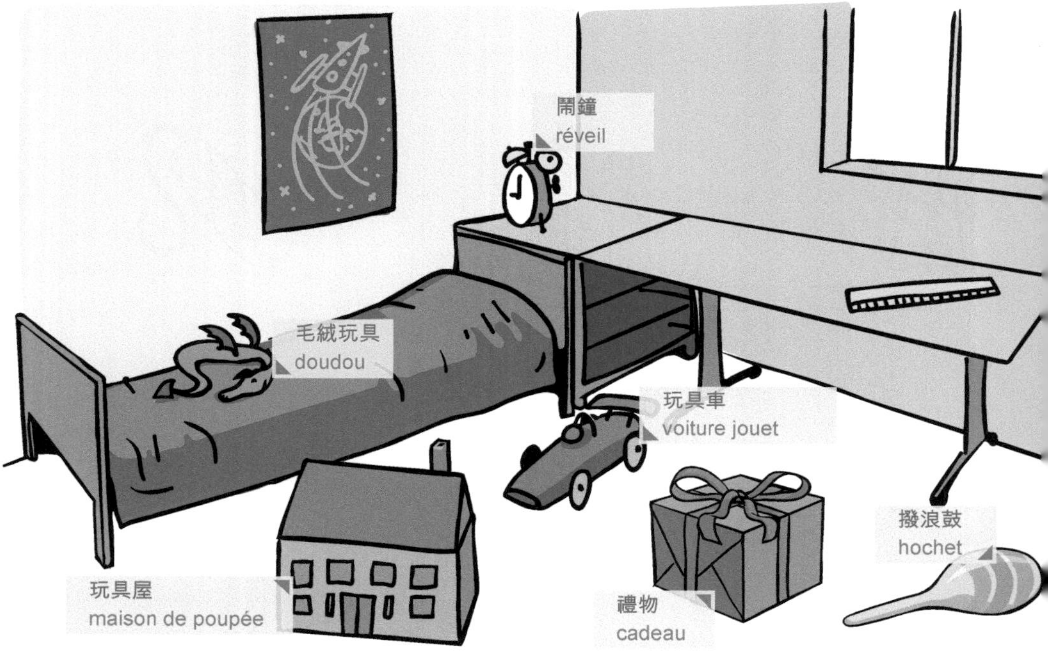

鬧鐘
réveil
毛絨玩具
doudou
玩具車
voiture jouet
撥浪鼓
hochet
玩具屋
maison de poupée
禮物
cadeau

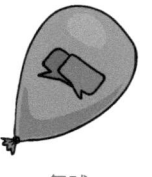

氣球

ballon

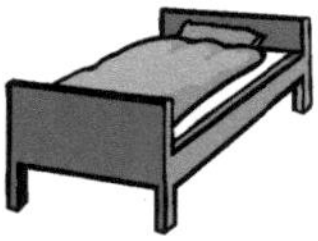

床

lit

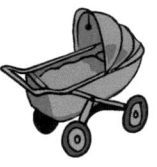

嬰兒車

poussette

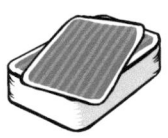

撲克牌

jeu de cartes

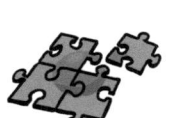

拼圖

puzzle

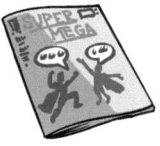

漫畫

bande dessinée

樂高積木

pièces lego

積木玩具

blocs de construction

公仔

figurine

嬰兒服

grenouillère

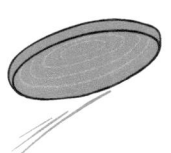

飛盤

frisbee

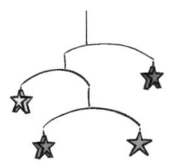

床鈴玩具

mobile

棋盤遊戲

jeu de société

骰子

dé

火車模型

train miniature

安撫奶嘴

sucette

派對

fête

繪本

livre d'images

球

balle

洋娃娃

poupée

玩

jouer

沙坑

bac à sable

鞦韆

balançoire

玩具

jouets

電玩遊戲

console de jeu

三輪車

tricycle

泰迪熊

ours en peluche

衣櫃

armoire

衣服

vêtements

襪子

chaussettes

長襪

bas

緊身褲

collant

圍巾
écharpe

皮帶
ceinture

雨傘
parapluie

T恤
t-shirt

運動鞋
baskets

靴子
bottes

拖鞋
pantoufles

涼鞋
sandales

鞋
chaussures

雨靴
bottes de caoutchouc

內褲
linge de corps

胸罩
soutien-gorge

背心
maillot de corps

身體

body

褲子

pantalon

牛仔褲

jean

短裙

jupe

女式襯衫

chemisier

襯衫

chemise

套頭衫

pull

連帽上衣

pull-over à capuche

西裝夾克

veste

夾克

veste

外套

manteau

雨衣

imperméable

套裝

costume

連衣裙

robe

婚紗

robe de mariée

西裝
costume

睡袍
chemise de nuit

睡衣
pyjama

莎麗
sari

頭巾
foulard

包頭巾
turban

波卡
burqa

卡夫坦
caftan

(阿拉伯式)長袍
abaya

泳衣
maillot de bain

男式泳褲
costume de bain

短褲
cuissettes

運動服
tenue d'entraînement

圍裙
tablier

手套
gants

鈕扣

bouton

眼鏡

lunettes

手鏈

bracelet

項鍊

collier

戒指

bague

耳環

boucle d'oreille

便帽

bonnet

衣架

cintre

帽子

chapeau

領帶

cravate

拉鍊

fermeture éclair

安全帽

casque

背帶

bretelles

校服

uniforme scolaire

制服

uniforme

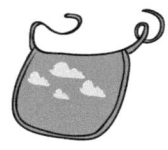

圍兜

bavoir

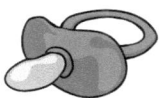

安撫奶嘴

sucette

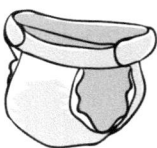

尿布

couche

辦公室

bureau

伺服器
serveur
檔案櫃
armoire d'archivage
印表機
imprimante
螢幕
écran
紙
papier
辦公桌
bureau
滑鼠
souris
資料夾
classeur
鍵盤
clavier
椅子
chaise
廢紙簍
corbeille à papier
電腦
ordinateur

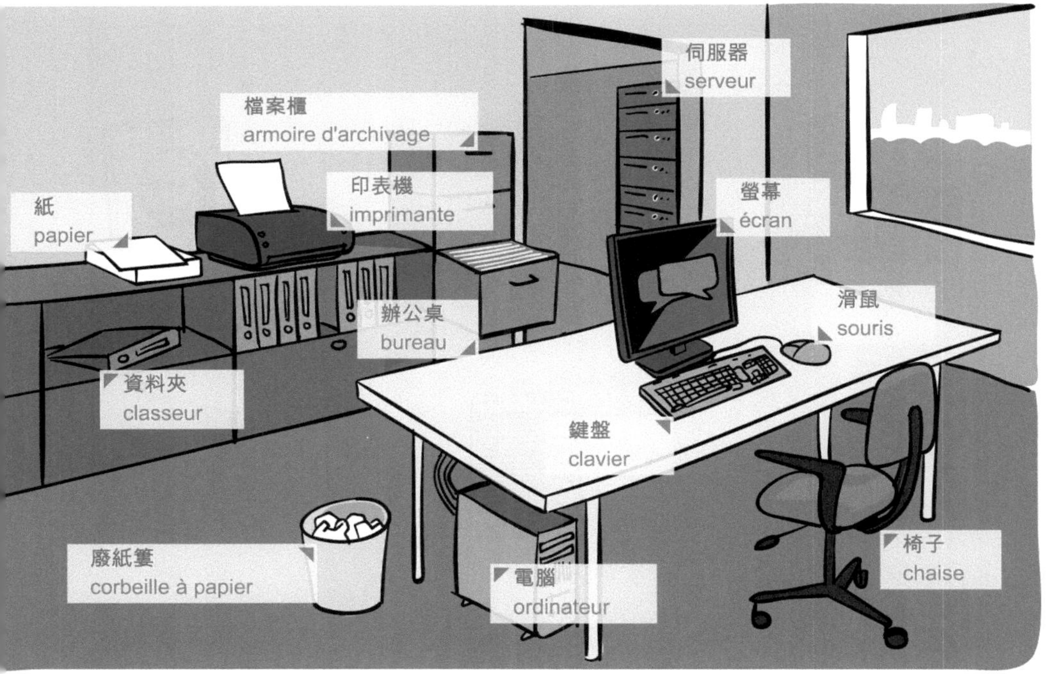

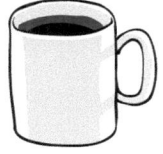

咖啡杯

tasse à café

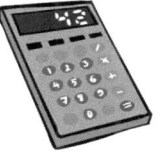

計算機

calculatrice

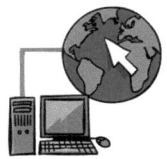

網際網路

internet

筆記型電腦

ordinateur portable

信件

lettre

簡訊

message

行動電話

portable

網路

réseau

影印機

photocopieuse

軟體

logiciel

電話

téléphone

插座

prise

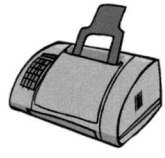

傳真機

fax

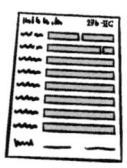

表格

formulaire

檔案

document

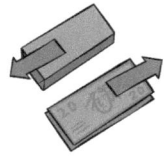

買
acheter

付錢
payer

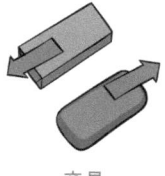

交易
marchander

現金
monnaie

美元
dollar

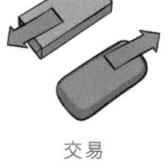

歐元
euro

日元
yen

盧布
rouble

瑞士法郎
franc suisse

人民幣
renminbi yuan

盧比
roupie

提款處
distributeur automatique

外幣兌換處

bureau de change

金

or

銀

argent

石油

pétrole

能源

énergie

價格

prix

合約

contrat

稅金

taxe

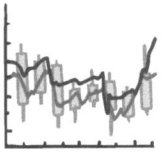

股票

action

工作

travailler

職員

employé

老闆

employeur

工廠

usine

商店

magasin

職業

professions

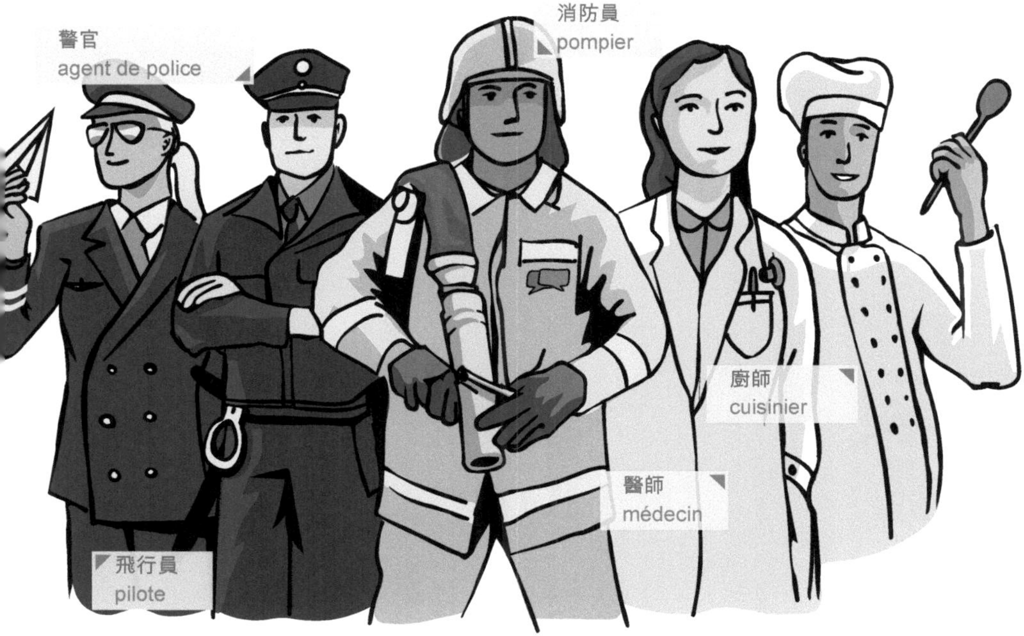

消防員
pompier
警官
agent de police
廚師
cuisinier
醫師
médecin
飛行員
pilote

園丁

jardinier

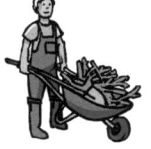

木匠

menuisier

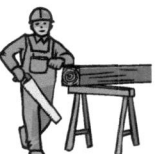

裁縫

couturière

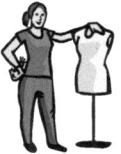

法官

juge

化學家

chimiste

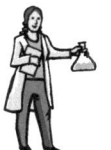

演員

acteur

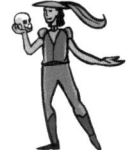

公車司機

conducteur de bus

計程車司機

chauffeur de taxi

漁夫

pêcheur

清洗女工

femme de ménage

屋頂工

couvreur

服務生

serveur

獵人

chasseur

畫家

peintre

麵包師

boulanger

電工

électricien

建築工人

ouvrier

工程師

ingénieur

屠夫

boucher

水管工

plombier

郵差

facteur

士兵

soldat

建築師

architecte

收銀員

caissier

花農

fleuriste

理髮師

coiffeur

售票員

contrôleur

機械技師

mécanicien

船長

capitaine

牙醫

dentiste

科學家

scientifique

拉比

rabbin

伊瑪目

imam

和尚

moine

牧師

prêtre

工具

outils

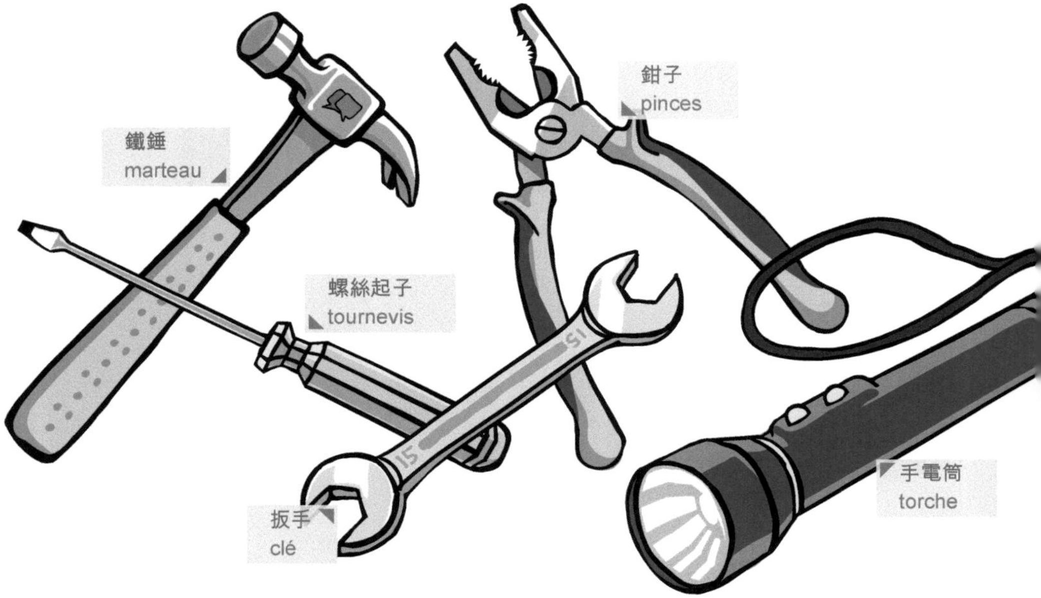

鐵錘
marteau
鉗子
pinces
螺絲起子
tournevis
扳手
clé
手電筒
torche

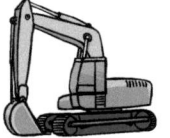

挖掘機

pelleteuse

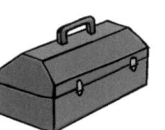

工具箱

boîte à outils

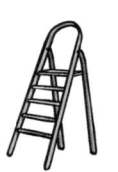

梯子

échelle

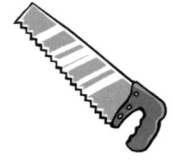

鋸子

scie

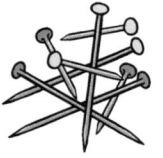

釘子

clous

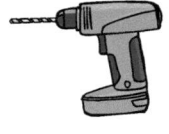

鑽機

perceuse

修
....
réparer

鏟子
....
pelle

糟糕！
....
Mince!

畚箕
....
pelle

油漆桶
....
pot de peinture

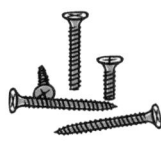

螺絲
....
vis

樂器
instruments de musique

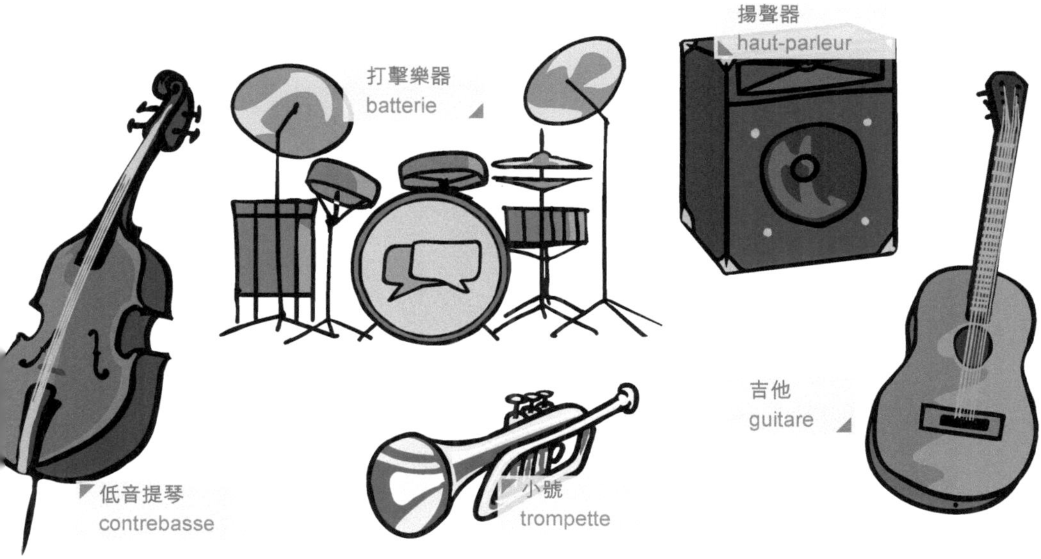

打擊樂器
batterie

揚聲器
haut-parleur

吉他
guitare

低音提琴
contrebasse

小號
trompette

鋼琴

piano

小提琴

violon

貝斯

basse

定音鼓

timbales

鼓

tambour

電子琴

piano électrique

薩克斯風

saxophone

長笛

flûte

麥克風

microphone

動物園

ZOO

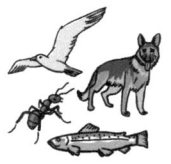

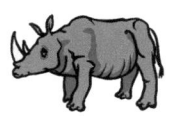

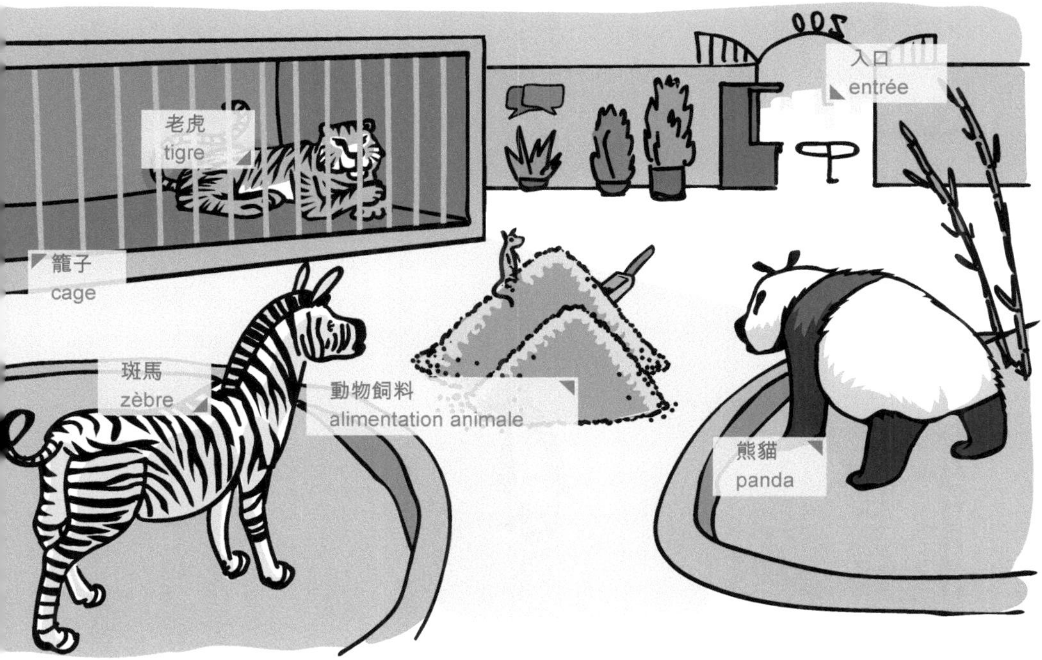

ZOO
入口
entrée
老虎
tigre
籠子
cage
斑馬
zèbre
動物飼料
alimentation animale
熊貓
panda

動物

animaux

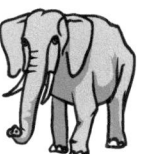

大象

éléphant

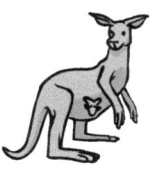

袋鼠

kangourou

犀牛

rhinocéros

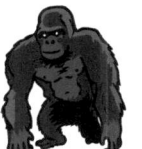

大猩猩

gorille

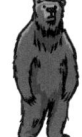

熊

ours

駱駝

chameau

鴕鳥

autruche

獅子

lion

猴子

singe

紅鶴

flamand rose

鸚鵡

perroquet

北極熊

ours polaire

企鵝

pingouin

鯊魚

requin

孔雀

paon

蛇

serpent

鱷魚

crocodile

動物園管理員

gardien de zoo

海豹

phoque

美洲豹

jaguar

矮種馬

poney

豹

léopard

河馬

hippopotame

長頸鹿

girafe

老鷹

aigle

野豬

sanglier

魚

poisson

龜

tortue

海象

morse

狐狸

renard

羚羊

gazelle

橄欖球
american Football

騎腳踏車
cyclisme

網球
tennis

籃球
basket-ball

游泳
natation

拳擊
boxe

冰球
hockey sur glace

美式足球

football

羽毛球

badminton

田徑

athlétisme

手球

handball

滑雪

ski

馬球

polo

跳
sauter

擁抱
embrasser

唱
chanter

笑
rire

走路
marcher

祈禱
prier

親吻
faire la bise

做夢
rêver

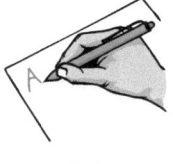

書寫
écrire

畫
dessiner

展示
montrer

推
pousser

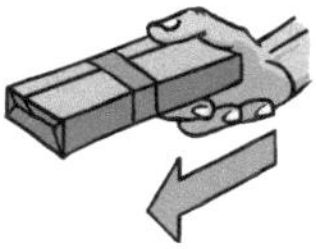

給
donner

拿
prendre

活動 - activités

有
avoir

做
faire

當
être

站
être debout

跑
courir

拉
trier

丟
jeter

摔倒
tomber

躺
être couché

等待
attendre

攜帶
porter

坐
être assis

穿衣
s'habiller

睡覺
dormir

醒來
se réveiller

看

regarder

哭

pleurer

擊

caresser

梳頭

peigner

交談

parler

明白

comprendre

問

demander

聽

écouter

喝

boire

吃

manger

清理

ranger

愛

aimer

做飯

cuire

開車

conduire

飛

voler

活動 - activités

航行

faire de la voile

計算

calculer

讀

lire

學習

apprendre

工作

travailler

結婚

se marier

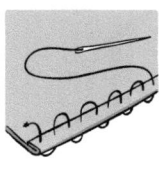

縫

coudre

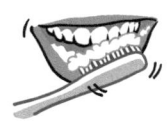

刷牙

se brosser les dents

殺

tuer

抽菸

fumer

寄

envoyer

家

famille

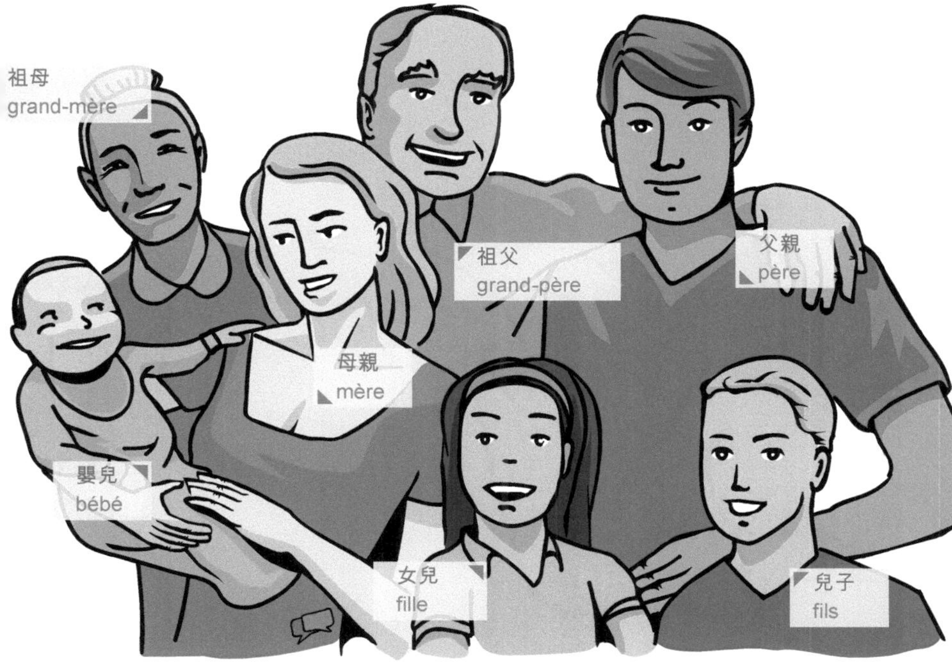

祖母
grand-mère
祖父
grand-père
父親
père
母親
mère
嬰兒
bébé
女兒
fille
兒子
fils

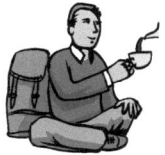

客人

hôte

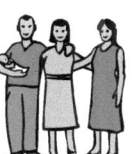

阿姨

tante

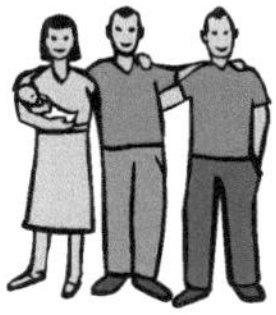

叔叔

oncle

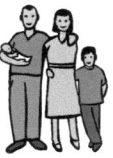

兄弟

frère

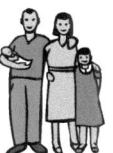

姐妹

sœur

身體

corps

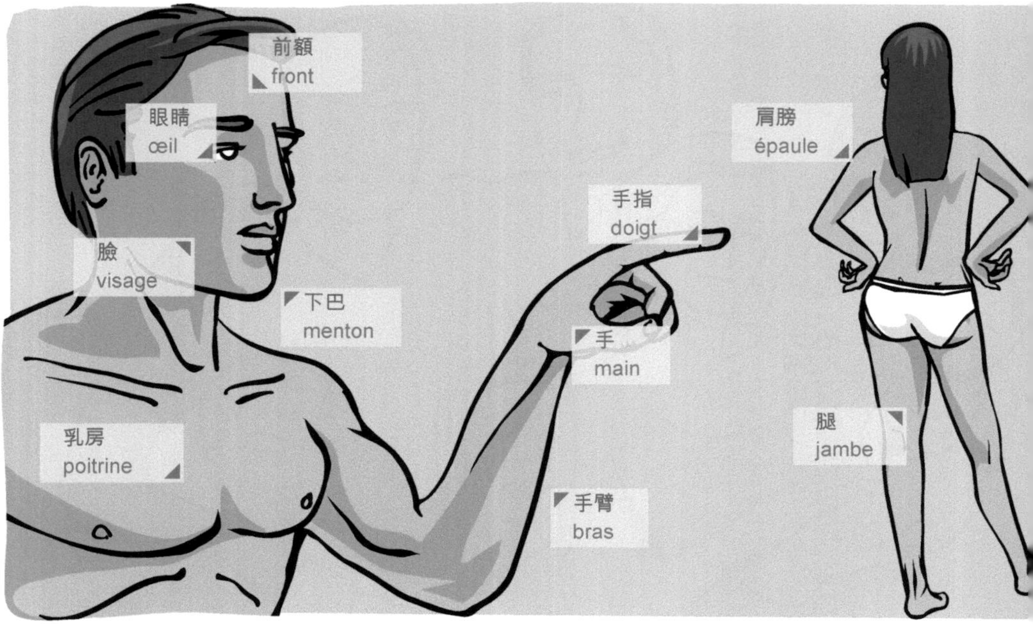

前額
front
眼睛
œil
肩膀
épaule
手指
doigt
臉
visage
下巴
menton
手
main
腿
jambe
乳房
poitrine
手臂
bras

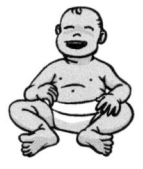

嬰兒

bébé

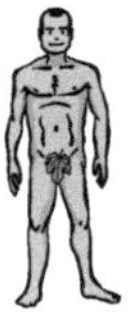

男人

homme

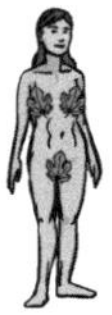

女人

femme

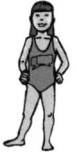

女孩

fille

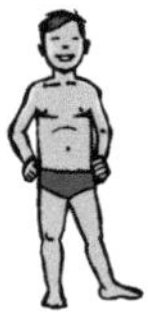

男孩

garçon

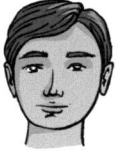

頭

tête

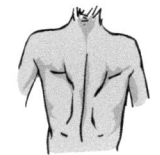

背部

dos

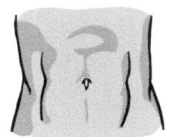

肚子

ventre

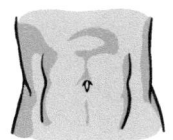

肚臍

nombril

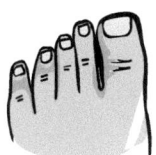

腳趾

orteil

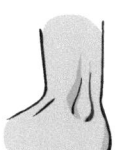

腳後跟

talon

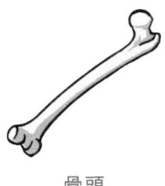

骨頭

os

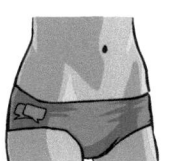

臀部

hanche

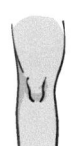

膝蓋

genou

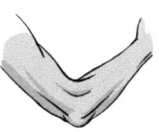

手肘

coude

鼻子

nez

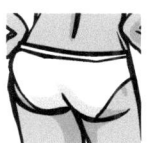

屁股

fesses

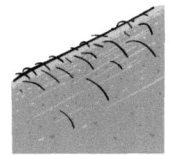

皮膚

peau

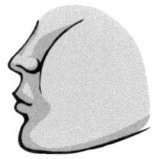

臉頰

joue

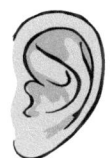

耳朵

oreille

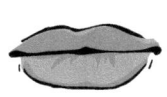

嘴唇

lèvre

身體 - corps

嘴
bouche

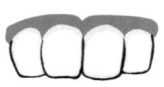

牙齒
dent

舌頭
langue

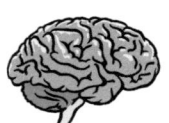

腦
cerveau

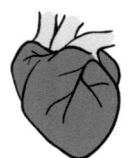

心臟
cœur

肌肉
muscle

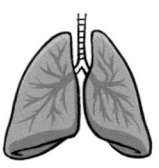

肺
poumons

肝臟
foie

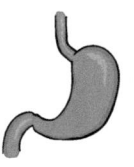

胃
estomac

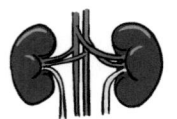

腎臟
reins

性交
rapport sexuel

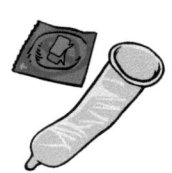

保險套
préservatif

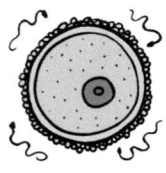

卵子
ovule

精子
sperme

懷孕
grossesse

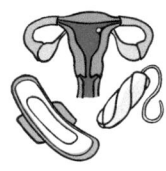

月事

menstruation

陰道

vagin

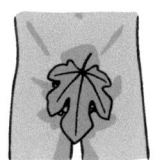

陰莖

pénis

眉毛

sourcil

頭髮

cheveux

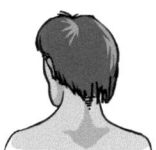

脖子

cou

醫院

hôpital

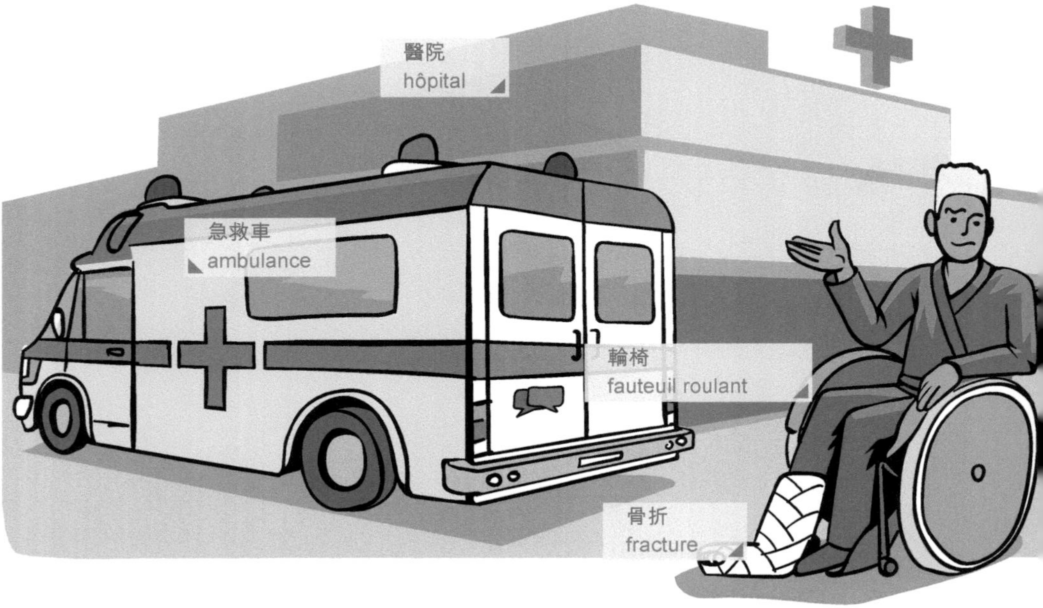

醫院
hôpital
急救車
ambulance
輪椅
fauteuil roulant
骨折
fracture

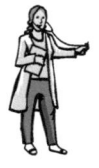

醫師

médecin

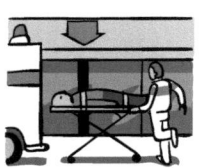

急診室

service des urgences

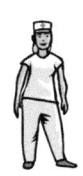

護理師

infirmière

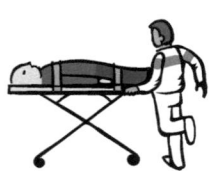

緊急情形

urgence

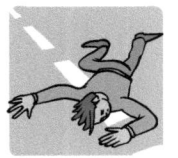

昏迷

inconscient

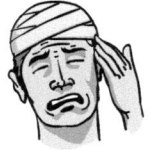

痛

douleur

受傷

blessure

出血

hémorragie

心臟病發作

crise cardiaque

中風

attaque cérébrale

過敏

allergie

咳嗽

toux

發燒

fièvre

流感

grippe

腹瀉

diarrhée

頭痛

mal de tête

癌症

cancer

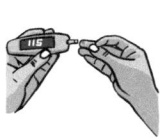

糖尿病

diabète

外科醫師

chirurgien

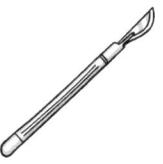

手術刀

scalpel

手術

opération

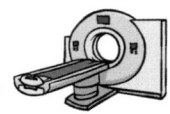

電腦斷層掃描
CT

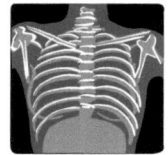

X光
radiographie

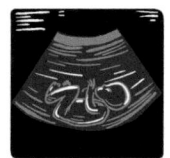

超音波
échographie

口罩
masque

疾病
maladie

候診室
salle d'attente

拐杖
béquille

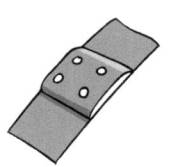

石膏
pansement

繃帶
pansement

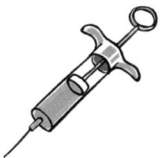

注射
injection

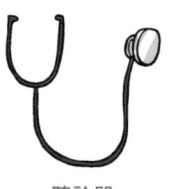

聽診器
stéthoscope

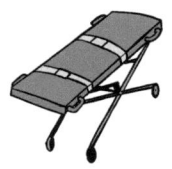

擔架
brancard

體溫計
thermomètre

出生
accouchement

超重
surpoids

助聽器

appareil auditif

消毒液

désinfectant

感染

infection

病毒

virus

愛滋病

VIH / sida

藥物

médicament

接種疫苗

vaccination

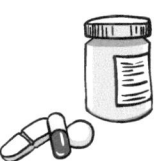

藥片

tablettes

藥丸

pilule

急救電話

appel d'urgence

血壓計

tensiomètre

生病/健康

malade / sain

救命！

Au secours!

警報

alarme

突擊

agression

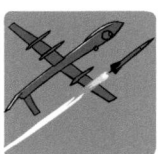

攻擊

attaque

危險

danger

緊急出口

sortie de secours

失火了！

Au feu!

滅火器

extincteur

意外

accident

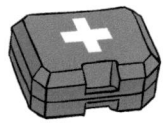

急救箱

trousse de premier secours

呼救訊號

SOS

員警

police

歐洲

Europe

北美洲

Amérique du Nord

南美洲

Amérique du Sud

非洲

Afrique

亞洲

Asie

澳洲

Australie

大西洋

Océan atlantique

太平洋

Océan pacifique

印度洋

Océan indien

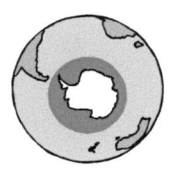

南冰洋

Océan antarctique

北冰洋

Océan arctique

北極

Pônord

南極

Pôsud

南極洲

Antarctique

地球

terre

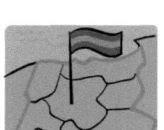

陸地

pays

海

mer

島

île

國家

nation

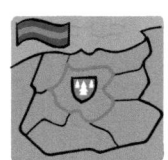

州

état

錶盤

cadran

時針

aiguille des heures

分針

aiguille des minutes

秒針

aiguille des secondes

現在幾點？

Quelle heure est-il?

天

jour

時間

temps

現在

maintenant

電子錶

montre digitale

分

minute

時

heure

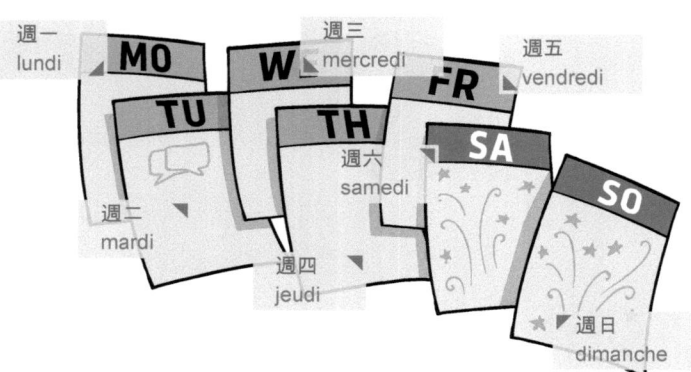

週一 lundi
週三 mercredi
週五 vendredi
週二 mardi
週四 jeudi
週六 samedi
週日 dimanche

昨天
hier

今天
aujourd'hui

明天
demain

早晨
matin

中午
midi

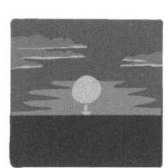

晚上
soir

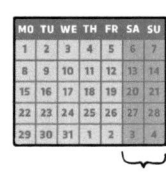

工作日
jours ouvrables

週末
week-end

雨
▶ pluie

彩虹
arc-en-ciel

雪
neige

風
vent

春
printemps

秋
automne

夏
été

冬
hiver

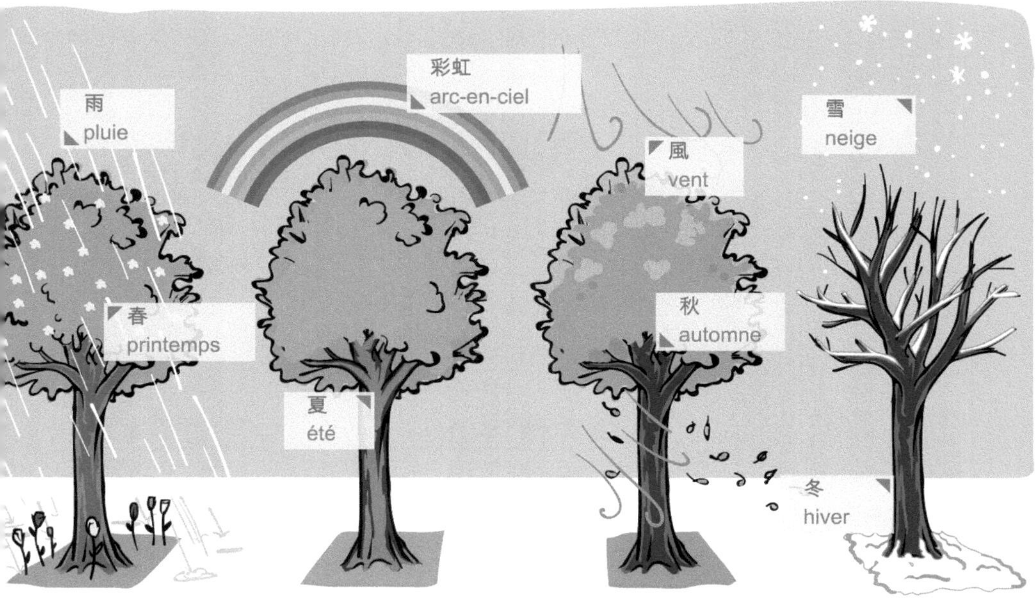

天氣預告

météo

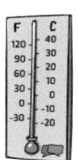

溫度計

thermomètre

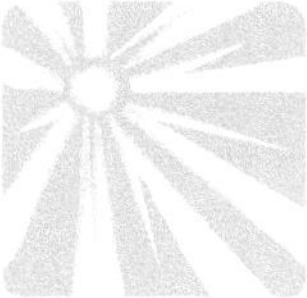

陽光

lumière du soleil

雲

nuage

霧

brouillard

潮濕

humidité

閃電

foudre

打雷

tonnerre

風暴

tempête

冰雹

grêle

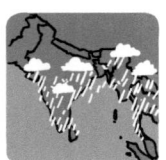

季風

mousson

洪水

inondation

冰

glace

一月

janvier

二月

février

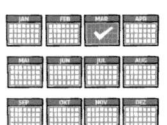

三月

mars

四月

avril

五月

mai

六月

juin

七月

juillet

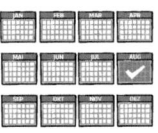

八月

août

年 - année

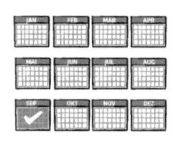

九月

septembre

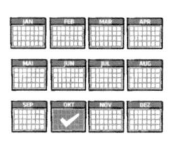

十月

octobre

十一月

novembre

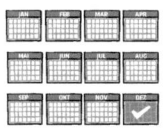

十二月

décembre

形狀
formes

圓形

cercle

正方形

carré

長方形

rectangle

三角形

triangle

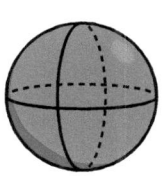

球體

sphère

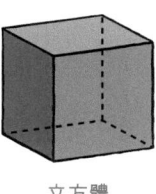

立方體

cube

白

blanc

黃

jaune

橙

orange

粉

rose

紅

rouge

紫

violet

藍

bleu

綠

vert

棕

marron

灰

gris

黑

noir

很多/少許

beaucoup / peu

生氣/平靜

fâché / calme

美/醜

joli / laid

首/尾

début / fin

大/小

grand / petit

明/暗

clair / obscure

兄弟/姐妹

frère / sœur

乾淨/骯髒

propre / sale

完整/缺失

complet / incomplet

白天/晚上

jour / nuit

死/生

mort / vivant

寬/窄

large / étroit

可食用/非食用

comestible / incomestible

邪惡/善良

méchant / gentil

興奮/無聊

excité / ennuyé

胖/瘦

gros / mince

第一/最後

premier / dernier

朋友/敵人

ami / ennemi

滿/空

plein / vide

硬/軟

dur / souple

重/輕

lourd / léger

餓/渴

faim / soif

生病/健康

malade / sain

非法/合法

illégal / légal

聰明/愚笨

intelligent / stupide

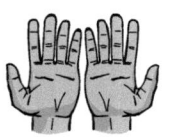

左/右

gauche / droite

近/遠

proche / loin

新/舊

nouveau / usé

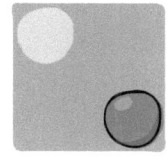

沒有/有些

rien / quelque chose

老/幼

vieux / jeune

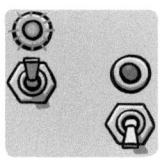

開/關

marche / arrêt

打開/闔上

ouvert / fermé

安靜/吵鬧

faible / fort

富/窮

riche / pauvre

對/錯

correct / incorrect

粗糙/光滑

rugueux / lisse

傷心/高興

triste / heureux

短/長

court / long

慢/快

lent / rapide

濕/乾

mouillé / sec

溫暖/涼爽

chaud / froid

戰爭/和平

guerre / paix

反義詞 - oppositions

0

零
zéro

1

一
un

2

二
deux

3

三
trois

4

四
quatre

5

五
cinq

6

六
six

7

七
sept

8

八
huit

9

九
neuf

10

十
dix

11

十一
onze

12

十二

douze

13

十三

treize

14

十四

quatorze

15

十五

quinze

16

十六

seize

17

十七

dix-sept

18

十八

dix-huit

19

十九

dix-neuf

20

二十

vingt

100

百

cent

1.000

千

mille

1.000.000

百萬

million

英語

anglais

美式英語

anglais américain

普通話

chinois mandarin

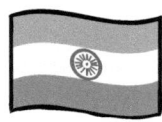

印地語

hindi

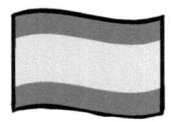

西班牙語

espagnol

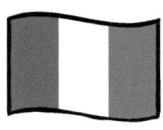

法語

français

阿拉伯語

arabe

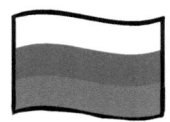

俄語

russe

葡萄牙語

portugais

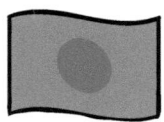

孟加拉語

bengali

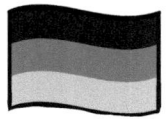

德語

allemand

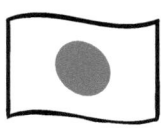

日語

japonais

我

je

你

tu

他/她/它

il / elle

我們

nous

你們

vous

他們

ils / elles

誰？

qui?

什麼？

quoi?

如何？

comment?

何處？

où?

何時？

quand?

名字

nom

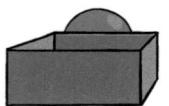

後面

derrière

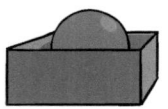

裡面

dans

前面

devant

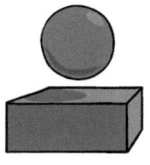

上方

au-dessus

上面

sur

下麵

en-dessous

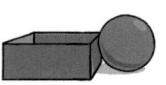

旁邊

à côté de

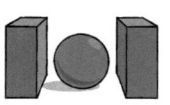

中間

entre

地點

lieu